Dear Parent,

Learning place values is an important first step on the road to math. This book will help your child identify the tens and ones place values. It includes matching activities, hidden pictures, connect-the-dots, and lots of practice with identifying place values. To get the most from this book, follow these simple steps:

- Find a comfortable place where you and your child can work quietly together.
- Encourage your child to go at his or her own pace.
- Help your child count and identify the tens and ones place values.
- Offer lots of praise and support.
- Reward your child's work with the included stickers.
- Most of all, remember that learning should be fun! Take time to look at the pictures, laugh at the funny characters, and enjoy this special time spent together.

Welcome to the Place Value Zoo!

A place value tells how big a number is.

It tells how many tens and how many ones are in a number.

tens place   ones place

There are 4 tens. There are 3 ones.

Connect the Dots

Connect the dots. Count by tens.

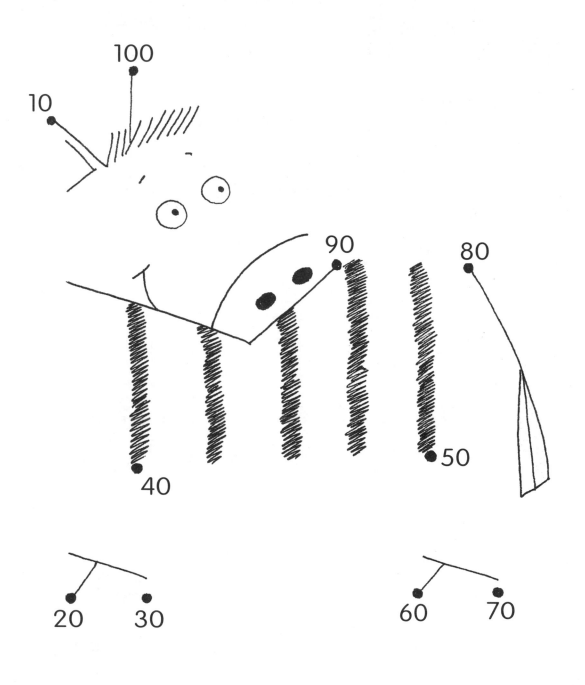

Snack Time for the Gorillas

Count the apples. Write the number of tens and ones.

1. _____ tens and _____ ones

2. _____ ten and _____ one

3. _____ ten and _____ ones

4. _____ ten and _____ ones

Snack Attack

Draw a line from the word **ones** to the ones place in each number.

ONES

41   34   88   93

Draw a line from the word **tens** to the tens place in each number.

TENS

93   84   75   29

The Little Ones

Fill in the blanks. Write the number of ones in each number.

1. **28** _____ ones

2. **27** _____ ones

3. **21** _____ one

4. **22** _____ ones

5. **26** _____ ones

6. **24** _____ ones

7. **20** _____ ones

8. **19** _____ ones

Zoo Family Picture

Fill in the blanks. Write the number of tens in each number.

1. **45** _____ tens

2. **94** _____ tens

3. **66** _____ tens

4. **72** _____ tens

5. **9** _____ tens

6. **14** _____ ten

7. **32** _____ tens

8. **18** _____ ten

The Snack Bar Is Open!

Fill in the blanks. Write the number of tens in each number.

1. **79** _____ tens

2. **54** _____ tens

3. **35** _____ tens

4. **23** _____ tens

5. **10** _____ ten

6. **89** _____ tens

7. **55** _____ tens

8. **20** _____ tens

9. **46** _____ tens   13. **33** _____ tens

10. **99** _____ tens   14. **59** _____ tens

11. **80** _____ tens   15. **18** _____ ten

12. **1** _____ tens   16. **60** _____ tens

Ten Little Birdies

Underline the ones place and circle the tens place in each number.

1. **14**

2. **70**

3. **83**

4. **33**

5. **29**

6. **65**

7. **49**

8. **12**

Great Pile of Lions

Draw a line from the word **tens** to the tens place in each number.

TENS

33   **26**   **11**   **13**

Draw a line from the word **ones** to the ones place in each number.

ONES

59   **72**   **36**   **42**

Kangaroos on Parade!

Circle ten instruments in each group.

Write how many more than ten there are.

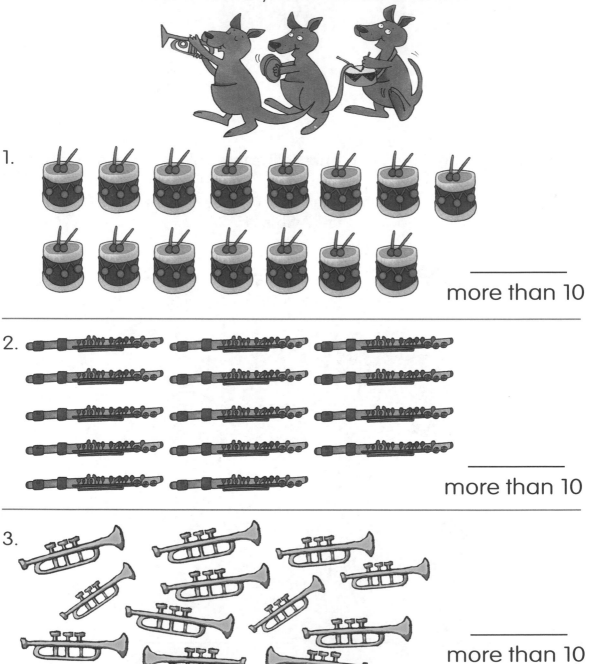

1.

_____
more than 10

2.

_____
more than 10

3.

_____
more than 10

Lunch Time!

Circle ten peanuts in each group.
Count the numbers that are
left over. Write the number.

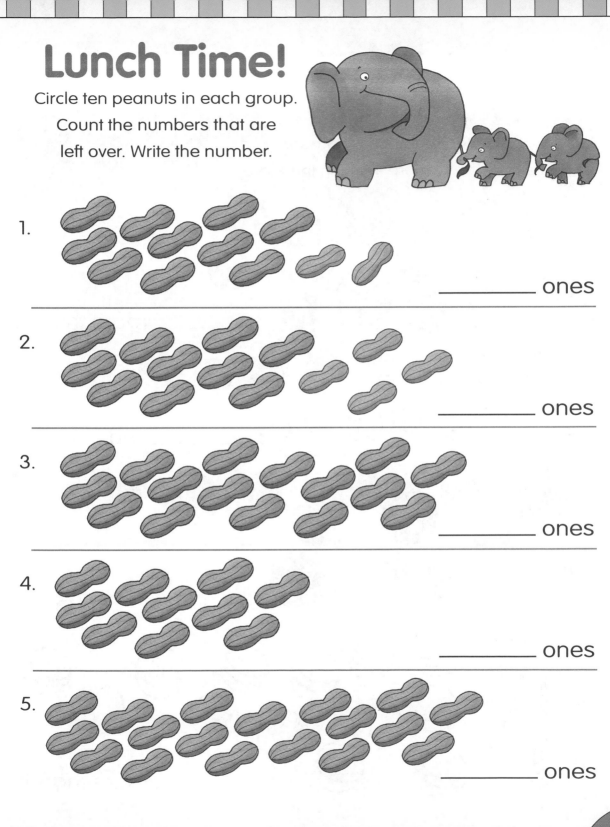

1. _____ ones

2. _____ ones

3. _____ ones

4. _____ ones

5. _____ ones

How Many More Balls?

Circle ten balls in each group.

Write how many more than ten there are.

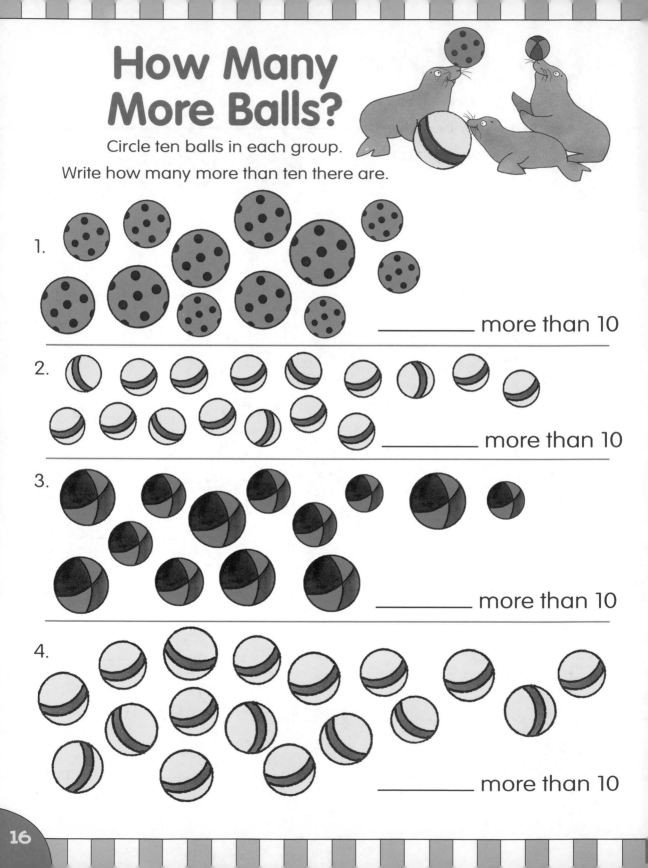

1. _____ more than 10

2. _____ more than 10

3. _____ more than 10

4. _____ more than 10

Fun in the Monkey House

Write the number in the box.

1. **8 tens and 9 ones**	89
2. **1 ten and 4 ones**	
3. **3 tens and 3 ones**	
4. **8 tens and 5 ones**	
5. **6 tens and 1 one**	
6. **9 tens and 0 ones**	
7. **2 tens and 8 ones**	
8. **4 tens and 2 ones**	
9. **1 ten and 2 ones**	

Proud as a Peacock

Circle each group of ten peacock feathers.

Write the number of ones that are left for you.

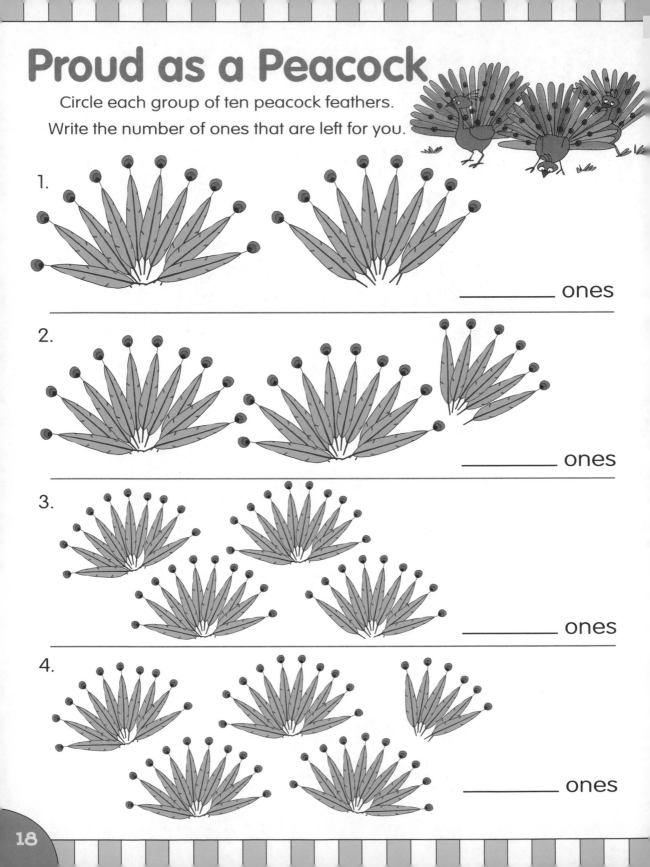

1. _____ ones

2. _____ ones

3. _____ ones

4. _____ ones

Seals, Seals, Seals!

Circle the number in the ones place.

Zebra Parade

Fill in the blanks. Write the number of tens and ones.

1. **63** = _____ tens and _____ ones

2. **28** = _____ tens and _____ ones

3. **71** = _____ tens and _____ one

4. **49** = _____ tens and _____ ones

5. **50** = _____ tens and _____ ones

6. **12** = _____ ten and _____ ones

7. **96** = _____ tens and _____ ones

8. **74** = _____ tens and _____ ones

Time for a Treat!

Fill in the blanks. Write the number of tens and ones.

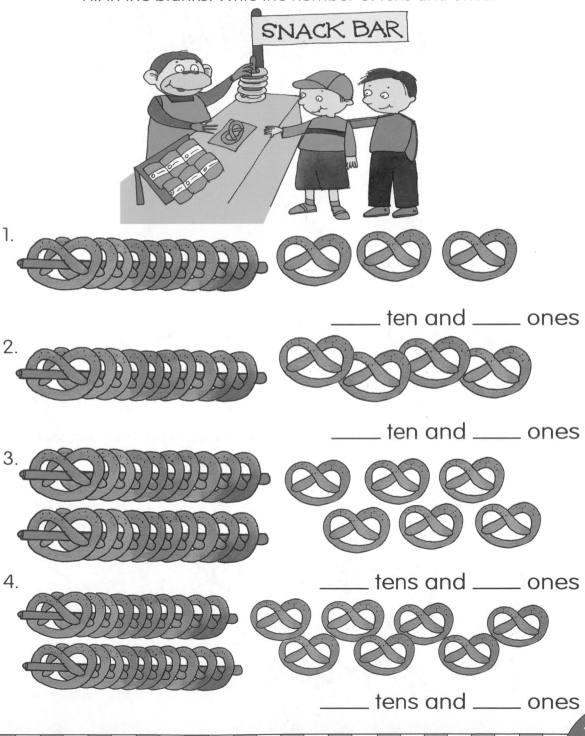

1.

_____ ten and _____ ones

2.

_____ ten and _____ ones

3.

_____ tens and _____ ones

4.

_____ tens and _____ ones

Let's Play!

Circle each group of ten.
Write the numbers of
ones that are left over.

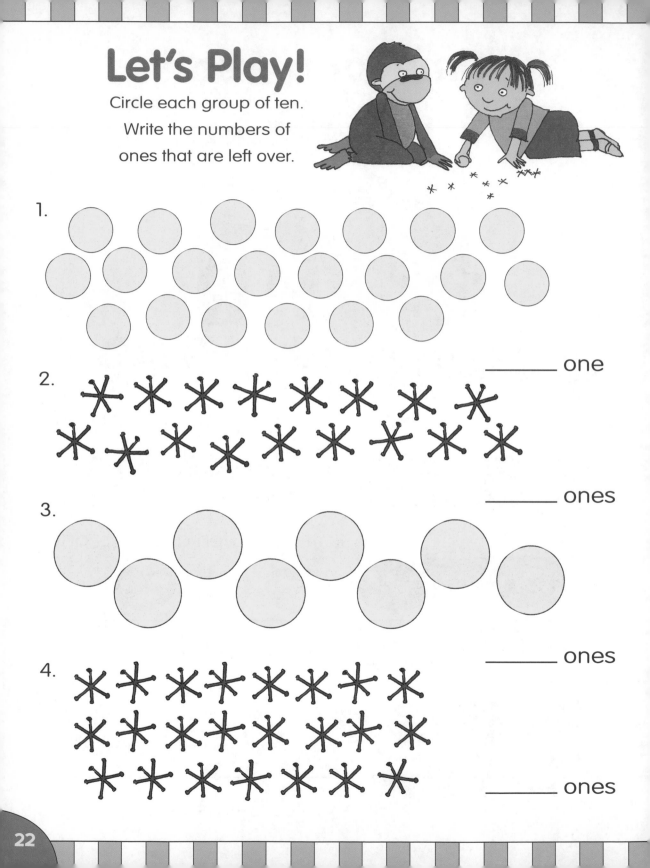

1.

_____ one

2.

_____ ones

3.

_____ ones

4.

_____ ones

22

Beware of the Lions

Write the number in the box.

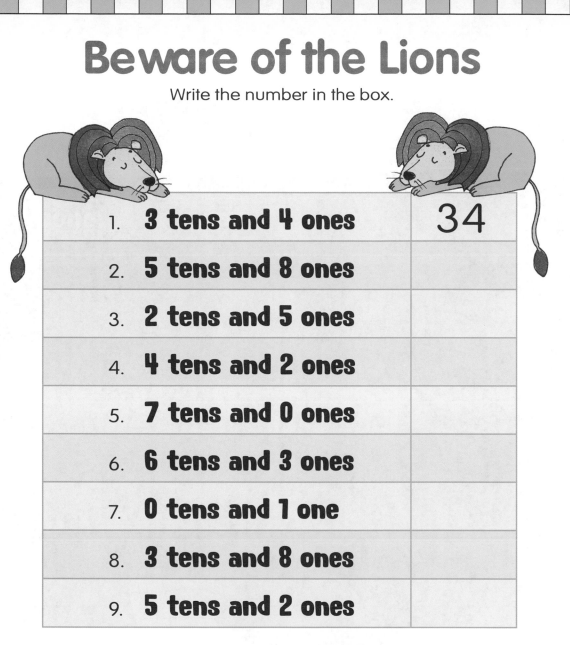

1.	**3 tens and 4 ones**	34
2.	**5 tens and 8 ones**	
3.	**2 tens and 5 ones**	
4.	**4 tens and 2 ones**	
5.	**7 tens and 0 ones**	
6.	**6 tens and 3 ones**	
7.	**0 tens and 1 one**	
8.	**3 tens and 8 ones**	
9.	**5 tens and 2 ones**	

A Classroom Full of Monkeys!

Check the place value that is circled.

		tens	ones
1.	(4)1	✓	
2.	8(9)		
3.	9(2)		
4.	(3)5		
5.	6(0)		
6.	5(4)		
7.	(7)8		

	tens	ones
8. **46**		
9. **76**		
10. **48**		
11. **32**		
12. **80**		
13. **22**		
14. **61**		
15. **95**		
16. **33**		

Hurray for Hippos!

Circle the number in the ones place.

Put a square around the number in the tens place.

1. 99

2. 74

3. 29

4. 10

5. 8

6. 100

7. 62

Exciting Elephants

Put a triangle around the number in the ones place.

Underline the number in the tens place.

1. 75

2. 68

3. 55

4. 42

5. 20

6. 6

7. 12

27

Zoo Fun for Everyone

Circle the number in the ones place.

1. 34

2. 10

3. 3

4. 57

5. 78

Zoo Animal Fun

Circle the number in the tens place.

1. 98

2. 37

3. 80

4. 67

5. 46

Elephant Basketball

Fill in the blanks. Write the number of tens and ones.

1. **73** = _____ tens and _____ ones

2. **85** = _____ tens and _____ ones

3. **27** = _____ tens and _____ ones

4. **79** = _____ tens and _____ ones

5. **72** = _____ tens and _____ ones

6. **11** = _____ ten and _____ one

7. **48** = _____ tens and _____ ones

8. **50** = _____ tens and _____ ones

Get a Camel Ride!

Circle the numbers with **0** in the ones place.

1.

40   55   30

80

87

35

90

41

Circle the numbers with **3** in the tens place.

2.

33   78   13

39

60

56   31

37

Snake House Ones

Fill in the blanks. Write the number in the ones place.

1. **45** _____

2. **90** _____

3. **57** _____

4. **82** _____

5. **74** _____

6. **66** _____

7. **29** _____

8. **25** _____

Tiger House Tens

Fill in the blanks. Write the number in the tens place.

1. **45** _____   5. **74** _____

2. **90** _____   6. **66** _____

3. **57** _____   7. **29** _____

4. **82** _____   8. **25** _____

Chimp Show Today!

Circle the hats with **3** in the ones place.

Charming Chimps

Circle the chimps with **7** in the tens place.

Visit the Bug House

Write the number on the line.

1. **4** tens and **5** ones = _____

2. **2** tens and **7** ones = _____

3. **1** ten and **2** ones = _____

4. **8** tens and **9** ones = _____

5. **7** tens and **0** ones = _____

6. **0** tens and **6** ones = _____

7. **6** tens and **4** ones = _____

8. **5** tens and **8** ones = _____

BUG HOUSE
45 ¢

Jumping for Joy!

Fill in the blanks. Write the number of tens and ones.

1. _____ tens and _____ one = **31**

2. _____ tens and _____ ones = **92**

3. _____ tens and _____ ones = **80**

4. _____ tens and _____ ones = **47**

5. _____ tens and _____ ones = **56**

6. _____ tens and _____ ones = **68**

7. _____ tens and _____ ones = **35**

8. _____ tens and _____ ones = **42**

Slip Slide Away!

》Write the number on the line.

1. **4** tens and **5** ones = _____

2. **2** tens and **7** ones = _____

3. **1** ten and **2** ones = _____

4. **8** tens and **9** ones = _____

5. **7** tens and **0** ones = _____

6. **0** tens and **6** ones = _____

7. **6** tens and **4** ones = _____

8. **5** tens and **8** ones = _____

Come Play at the Petting Zoo

Write the number of tens. Write the number of ones.

		tens	ones
1.	12	1	2
2	25		
3.	31		
4.	19		
5.	39		

Play Cards with the Reptiles

Circle each group of ten.

Write the number of groups of ten.

Write the number of ones that are left over.

tens   ones

1.

_____   _____

2.

_____   _____

3.

_____   _____

4.

_____   _____

How Many Spots on a Leopard?

Circle each group of ten. Write the number of groups of ten.
Write the number of ones that are left over.

tens   ones

1.

_____   _____

2.

_____   _____

3.

_____   _____

4.

_____   _____

5.

_____   _____

41

Banana Munchies

Write the number of tens and ones.

Then write the number.

1.

tens   ones

_____ and _____ = _____

2.

_____ and _____ = _____

3.

_____ and _____ = _____

4.

_____ and _____ = _____

5.

_____ and _____ = _____

Rainforest Fun

Write the number of tens and ones. Then write the number.

1. _____ tens and _____ ones = _____

2. _____ tens and _____ ones = _____

3. _____ tens and _____ ones = _____

Feeding Time

Fill in the blanks. Write the number of tens. Write the number of ones.

1. **68** = _____ tens and _____ ones

2. **92** = _____ tens and _____ ones

3. **85** = _____ tens and _____ ones

4. **90** = _____ tens and _____ ones

5. **73** = _____ tens and _____ ones

6. **65** = _____ tens and _____ ones

7. **37** = _____ tens and _____ ones

8. **41** = _____ tens and _____ one

Nap Time at the Zoo

Color the animals with **5** in the tens place.

Rainforest Place Values

Color the animals with **5** in the ones place.

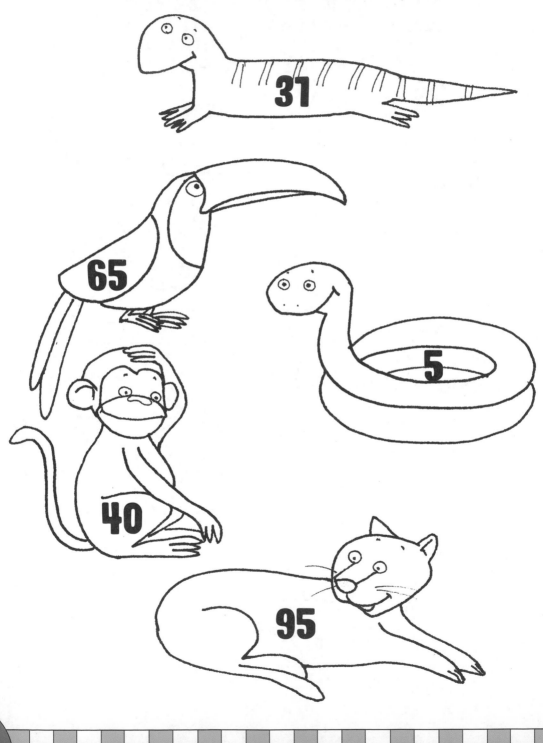

Zebra Buddies

Write the number on the line.

1. **7** tens and **2** ones = _____

2. **2** tens and **8** ones = _____

3. **9** tens and **9** ones = _____

4. **8** tens and **4** ones = _____

5. **7** tens and **5** ones = _____

6. **1** ten and **0** ones = _____

7. **5** tens and **6** ones = _____

8. **8** tens and **3** ones = _____

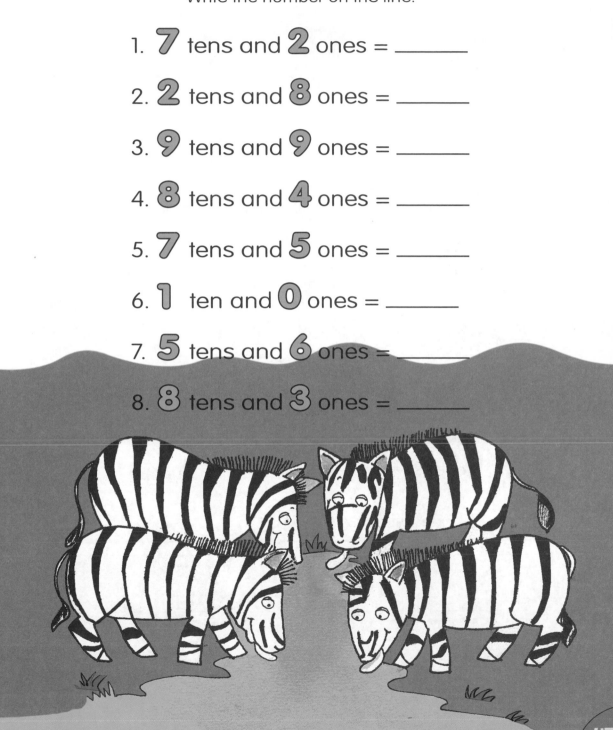

Hiding Out at the Zoo

Circle the numbers with **7** in the ones place.

1.   **55**   **87**   **8**   **42**

27   **67**   **70**   **47**

Circle the numbers with **8** in the tens place.

2.   **52**   **75**   **86**   **35**

88   **81**

70   **89**

Hula Hoop Hippos

Circle the numbers in the ones place.

Fill in the blanks with the number in the tens place.

1. 91 _____

2. 83 _____

3. 50 _____

4. 25 _____

5. 23 _____

6. 74 _____

7. 66 _____

8. 42 _____

Flamingo Party!

Complete the chart by filling in the blanks.

	tens	ones	number
1.	3	6	
2.	5	4	
3.			63
4.	3	9	
5.	6	1	
6.			56

Thirsty Camels

Add ten to each number. Write the number on the line.

1. **45** <u>**55**</u>

2. **30** _____

3. **86** _____

4. **21** _____

5. **63** _____

6. **44** _____

7. **59** _____

8. **12** _____

Underwater Wonders

Write the numbers on the lines.

1. **70** = _____ tens and _____ ones

2. **64** = _____ tens and _____ ones

3. **38** = _____ tens and _____ ones

4. **82** = _____ tens and _____ ones

5. **19** = _____ ten and _____ ones

6. **26** = _____ tens and _____ ones

7. **55** = _____ tens and _____ ones

8. _____ = **9** tens and **4** ones

9. _____ = **3** tens and **1** one

10. _____ = **2** tens and **6** ones

11. _____ = **8** tens and **3** ones

12. _____ = **5** tens and **7** ones

13. _____ = **6** tens and **3** ones

14. _____ = **4** tens and **2** ones

15. _____ = **3** tens and **9** ones

Balloons, Balloons!

Color the balloons with **4** in the ones place.

Twists and Turns

Place a check mark under the place value that has a **5**.

		tens	ones
1.	**59**	_____	_____
2.	**25**	_____	_____
3.	**35**	_____	_____
4.	**57**	_____	_____
5.	**51**	_____	_____
6.	**5**	_____	_____
7.	**45**	_____	_____
8.	**54**	_____	_____

Hundreds of Animals

100 comes after 99. The 1 is in the hundreds place.

↑   ↑   ↑

hundreds place   tens place   ones place

Write the number of hundreds.

1. **347** _____3_____ hundreds

2. **782** _____ hundreds

3. **284** _____ hundreds

4. **347** _____ hundreds

5. **782** _____ hundreds

6. **284** _____ hundreds

Penguin Suit

Connect the dots. Count by 100s.

100
1000
300
800
200
900
400
700
500
600

Alligator Pie

Fill in the blanks. Write the number of hundreds, tens, and ones.

1. **672** = _____ hundreds, _____ tens, and _____ ones

2. **821** = _____ hundreds, _____ tens, and _____ one

3. **400** = _____ hundreds, _____ tens, and _____ ones

4. **283** = _____ hundreds, _____ tens, and _____ ones

5. **139** = _____ hundred, _____ tens, and _____ ones

6. **707** = _____ hundreds, _____ tens, and _____ ones

7. **60** = _____ hundreds, _____ tens, and _____ ones

8. **329** = _____ hundreds, _____ tens, and _____ ones

Swinging Good Times

Write the number on the line.

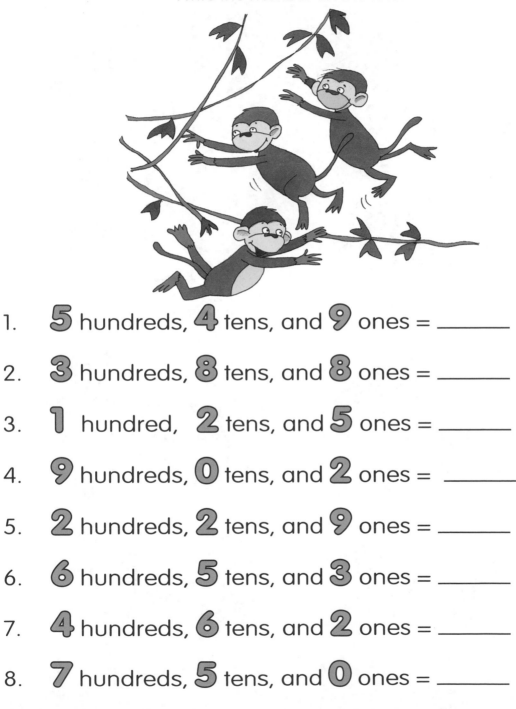

1.   **5** hundreds, **4** tens, and **9** ones = _____

2.   **3** hundreds, **8** tens, and **8** ones = _____

3.   **1** hundred, **2** tens, and **5** ones = _____

4.   **9** hundreds, **0** tens, and **2** ones = _____

5.   **2** hundreds, **2** tens, and **9** ones = _____

6.   **6** hundreds, **5** tens, and **3** ones = _____

7.   **4** hundreds, **6** tens, and **2** ones = _____

8.   **7** hundreds, **5** tens, and **0** ones = _____

Zebra Count

Color the zebras with **3** in the hundreds place.

Goodbye Zoo Animals!

Circle the number in the hundreds place.

1. 866   3. 300

2. 199   4. 558

Circle the number in the tens place.

5. 866   7. 300

6. 199   8. 558

Circle the number in the ones place.

9. 866   11. 300

10. 199   12. 558

Answer Key

Page 5

Page 6

1. 0 tens and 3 ones
2. 1 ten and 1 one
3. 1 ten and 7 ones
4. 1 ten and 5 ones

Page 7

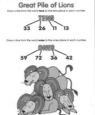

Page 8

1. 8   5. 6
2. 7   6. 4
3. 1   7. 0
4. 2   8. 9

Page 9

1. 4   5. 0
2. 9   6. 1
3. 6   7. 3
4. 7   8. 1

Pages 10 and 11

1. 7   9. 4
2. 5   10. 9
3. 3   11. 8
4. 2   12. 0
5. 1   13. 3
6. 8   14. 5
7. 5   15. 1
8. 2   16. 6

Page 12

1. ①4   5. ②9
2. ⑦0   6. ⑥5
3. ⑧3   7. ④9
4. ③3   8. ①2

Page 13

Page 14

1. 5
2. 4
3. 2

Page 15

1. 2
2. 4
3. 6
4. 0
5. 8

Page 16

1. 2
2. 6
3. 3
4. 7

Page 17

2. 14   6. 90
3. 33   7. 28
4. 85   8. 42
5. 61   9. 12

Page 18

1. 8
2. 6
3. 9
4. 6

Page 19

2. 6⑦   5. 1⑧
3. 5⑨   6. ④
4. 3③

Page 20

1. 6 tens and 3 ones
2. 2 tens and 8 ones
3. 7 tens and 1 one
4. 4 tens and 9 ones
5. 5 tens and 0 ones
6. 1 ten and 2 ones
7. 9 tens and 6 ones
8. 7 tens and 4 ones

Page 21

1. 1 ten and 3 ones
2. 1 ten and 4 ones
3. 2 tens and 6 ones
4. 2 tens and 7 ones

Page 22

1. 1
2. 7
3. 8
4. 3

Page 23

2. 58   6. 63
3. 25   7. 1
4. 42   8. 38
5. 70   9. 52

Pages 24 and 25

2. ones   10. tens
3. ones   11. tens
4. tens   12. tens
5. ones   13. ones
6. ones   14. ones
7. tens   15. tens
8. tens   16. tens
9. ones

Page 26

1. 9⑨   5. ⑧
2. ⑦4   6. 1⑩0
3. ②9   7. ⑥2
4. ①0

Page 27

1. 7⑤
2. 6⑧
3. 5⑤
4. 4⑫
5. 2⑩
6. ⑥
7. 1⑫

Page 28

1. 3④
2. ①0
3. ③
4. 5⑦
5. 7⑧

Page 29

1. ⑨8
2. ③7
3. ⑧0
4. ⑥7
5. ④6

Page 30

1. 7 tens and 3 ones
2. 8 tens and 5 ones
3. 2 tens and 7 ones
4. 7 tens and 9 ones
5. 7 tens and 2 ones
6. 1 ten and 1 one
7. 4 tens and 8 ones
8. 5 tens and 0 ones

Page 31

1. These numbers are circled: 40, 30, 90, and 80.
2. These numbers are circled: 33, 39, 31, and 37.

Page 32

1. 5   5. 4
2. 0   6. 6
3. 7   7. 9
4. 2   8. 5

Page 33
1. 4   5. 7
2. 9   6. 6
3. 5   7. 2
4. 8   8. 2

Page 34
The hats with these numbers should be circled: 53, 3, and 93.

Page 35
The chimps with these numbers should be circled: 70, 72, and 76.

Page 36
1. 45   5. 70
2. 27   6. 6
3. 12   7. 64
4. 89   8. 58

Page 37
1. 3 tens and 1 one
2. 9 tens and 2 ones
3. 8 tens and 0 ones
4. 4 tens and 7 ones
5. 5 tens and 6 ones
6. 6 tens and 8 ones
7. 3 tens and 5 ones
8. 4 tens and 2 ones

Page 38
1. 45   5. 70
2. 27   6. 6
3. 12   7. 64
4. 89   8. 58

Page 39
2. 25
3. 31
4. 19
5. 39

Page 40
1. 2 tens 7 ones
2. 3 tens 4 ones
3. 2 tens 2 ones
4. 2 tens 8 ones

Page 41
1. 4 tens 5 ones
2. 3 tens 0 ones
3. 2 tens 3 ones
4. 4 tens 7 ones
5. 3 tens 1 ones

Page 42
1. 1 tens and 7 ones = 17
2. 1 tens and 2 ones = 12
3. 1 tens and 5 ones = 15
4. 1 tens and 3 ones = 13
5. 1 tens and 9 ones = 19

Page 43
1. 3 tens and 8 ones = 38
2. 4 tens and 9 ones = 49
3. 5 tens and 6 ones = 56

Page 44
1. 6 tens and 8 ones
2. 9 tens and 2 ones
3. 8 tens and 5 ones
4. 9 tens and 0 ones
5. 7 tens and 3 ones
6. 6 tens and 5 ones
7. 3 tens and 7 ones
8. 4 tens and 1 one

Page 45
The animals with these numbers should be colored: 56, 51, and 55.

Page 46
The animals with these numbers should be colored: 65, 5, and 95.

Page 47
1. 72   5. 75
2. 28   6. 10
3. 99   7. 56
4. 84   8. 83

Page 48
1. These numbers should be circled: 87, 47, 27, and 67.

2. These numbers should be circled: 86, 89, 88, and 81.

Page 49
1. 91 9   5. 23 2
2. 83 8   6. 74 7
3. 50 5   7. 66 6
4. 25 2   8. 42 4

Page 50

tens	ones	number
3	6	36
5	4	54
6	3	63
3	9	39
6	1	61
5	6	56

Page 51
2. 40   6. 54
3. 96   7. 69
4. 31   8. 22
5. 73

Pages 52 and 53
1. 7 tens and 0 ones
2. 6 tens and 4 ones
3. 3 tens and 8 ones
4. 8 tens and 2 ones
5. 1 ten and 9 ones
6. 2 tens and 6 ones
7. 5 tens and 5 ones
8. 94
9. 31
10. 26
11. 83
12. 57
13. 63
14. 42
15. 39

Page 54
The balloons with these numbers should be colored: 24, 4, 94, 74, and 14.

Page 55
1. tens   5. tens
2. ones   6. ones
3. ones   7. ones
4. tens   8. tens

Page 56
2. 7   5. 7
3. 2   6. 2
4. 3

Page 57

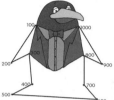

Page 58
1. 6 hundreds, 7 tens, and 2 ones
2. 8 hundreds, 2 tens, and 1 one
3. 4 hundreds, 0 tens, and 0 ones
4. 2 hundreds, 8 tens, and 3 ones
5. 1 hundred, 3 tens, and 9 ones
6. 7 hundreds, 0 tens, and 7 ones
7. 0 hundreds, 6 tens, and 0 ones
8. 3 hundreds, 2 tens, and 9 ones

Page 59
1. 549   5. 229
2. 388   6. 653
3. 125   7. 462
4. 902   8. 750

Page 60
The zebras with these numbers should be colored: 350, 329, 312, and 339.

Page 61
1. 866   7. 300
2. 199   8. 558
3. 300   9. 866
4. 558   10. 199
5. 866   11. 300
6. 199   12. 558

Great job,

_____!
(Name)

You know your hundreds, tens, and ones place values!

SUPER!

Flash Kids
LEARNING IN A FLASH